DE LA PROPRIÉTÉ

DES

BIBLIOTHÈQUES MUNICIPALES

Par O. MARAIS

Ancien Bâtonnier,
Vice-Président de la Commission de Surveillance
de la Bibliothèque municipale.

ROUEN

DE L'IMPRIMERIE CAGNIARD

1892

à M. Ricard, Garde des Sceaux

Ministre de la justice

hommage [illegible]

DE LA PROPRIÉTÉ

DES

BIBLIOTHÈQUES MUNICIPALES

Par O. MARAIS

Ancien Bâtonnier,
Vice-Président de la Commission de Surveillance
de la Bibliothèque municipale.

ROUEN

DE L'IMPRIMERIE CAGNIARD

1892

EXTRAIT DU PRÉCIS DE L'ACADÉMIE DE ROUEN

(Années 1890-91)

NOTICE

SUR LA PROPRIÉTÉ DES BIBLIOTHÈQUES MUNICIPALES

Un arrêté de M. le Maire de Rouen, en date du 26 janvier 1889, a approuvé le nouveau règlement de la Bibliothèque municipale. L'article 11 de ce règlement est ainsi conçu : « Les manuscrits *étant la propriété de la Ville*, nul ne peut les publier sans une autorisation expresse de la Mairie. » La rédaction de cet article a donné lieu à une correspondance administrative entre M. le Maire et M. le Ministre de l'Instruction publique.

Par une lettre du 22 novembre 1890 le Ministre a demandé la suppression des mots *étant la propriété de la Ville* qui se trouvent dans l'article 11 du règlement. Il se fonde sur les raisons suivantes que nous transcrivons textuellement :

« Il me paraît indispensable de rappeler à la municipalité que si les manuscrits provenant de legs faits à la Bibliothèque ou d'acquisitions faites par la Ville, à titre onéreux, lui appartiennent, il n'en est pas de même pour les manuscrits provenant des anciens fonds. Les décrets des 8 pluviôse an II, 8 pluviôse an XI et 20 février 1809, ont établi les droits de l'État sur certaines parties des collections bibliographiques. Les Bibliothèques n'ont été à l'origine que de simples dépôts où l'État a mis en sûreté les richesses littéraires sur lesquelles il a affirmé ses droits de propriété. L'État a laissé aux villes la jouissance de ce premier fonds et de ceux qu'il y a ajoutés par la suite, mais il ne s'en est pas dessaisi ; ses droits restent entiers. »

La lettre de M. le Ministre fait donc deux parts de la Bibliothèque communale : l'une, composée des legs directs ou des acquisitions, est la propriété de la Ville ; l'autre comprenant ce qu'on appelle l'ancien fonds et les livres qu'y a ajoutés, par la suite, la munificence du Gouvernement, sont restés la propriété de l'État, la Ville n'ayant été à leur égard qu'un simple dépositaire. La théorie du Ministère a le mérite d'une netteté incontestable. Est-elle fondée ? Tel est l'objet de l'étude qui va suivre.

I

ORIGINES DE LA BIBLIOTHÈQUE MUNICIPALE DE ROUEN (1)

Les seuls dépôts de livres qui existassent à Rouen avant la Révolution appartenaient aux corporations (Académie, Avocats au Parlement, etc.) ou aux institutions religieuses (communautés, chapitres diocésains, etc.). Le décret du 2 novembre 1789 mit les biens du clergé à la disposition de la nation ; les ordres réguliers et les corporations, d'abord conservés provisoirement, disparurent à leur tour en 1792 (décrets des 9-12 février, 18 août). Enfin, les biens des émigrés furent aussi déclarés propriété nationale.

Dès le 5 novembre 1790, l'Assemblée constituante avait décidé que les Directoires de districts dresseraient le catalogue des livres, manuscrits, tableaux, objets d'art qui se trouvaient dans les maisons, institutions ou communautés supprimées ou provisoirement conservées. Ces dispositions devinrent applicables de plein droit à tous les objets mobiliers qui furent confisqués ultérieurement.

(1) L'auteur de cette notice n'avait à sa disposition que les documents administratifs ou historiques concernant la ville de Rouen ; mais il paraît probable que les choses se sont passées ailleurs comme à Rouen. Ce travail semble donc pouvoir s'appliquer dans ses parties générales à presque toutes les Bibliothèques municipales de France.

Un ex-religieux bénédictin de l'abbaye de Saint-Ouen, dom Gourdin, n'avait pas attendu cette loi pour présenter au Directoire de district un projet d'organisation de bibliothèques publiques au chef-lieu et dans les principales villes du district. Son projet fut approuvé par une délibération du Directoire, dans laquelle on lit ce considérant caractéristique « que les livres dont il est question n'appartiennent ni au département, ni au district, ni à la municipalité, mais à la nation, que par conséquent il paraîtrait qu'on ne peut exécuter le plan de dom Gourdin qu'en obtenant un décret de l'Assemblée nationale qui autorise les villes de département et de district à retenir ces livres pour y établir des Bibliothèques publiques, sous l'inspection des assemblées Administratives ».

Ainsi, en même temps qu'on proclame l'utilité qu'il y aurait à fonder des Bibliothèques publiques, on reconnaît formellement que les collections de livres sont la propriété de la nation.

Dans un travail inséré au *Précis de l'Académie des Sciences, Belles-Lettres et Arts de Rouen* (année 1852), M. de Beaurepaire a raconté avec une compétence particulière et une grande abondance de détails, de quelle façon fut constitué le Musée municipal de la Ville. Cette partie de l'histoire locale est commune aux livres et manuscrits confisqués. Nous n'avons donc pas à la refaire ici. Ce fut, en effet, le même arrêté du Directoire des 5 et 13 septembre 1791 qui désigna dom Gourdin et le peintre Le Carpentier pour faire l'inventaire des bibliothèques, tableaux et objets d'art, qui étaient devenus propriété nationale par l'effet des décrets de suppression ou de confiscation. Dom Gourdin et Le Carpentier remplirent leur mission, dressèrent un inventaire sommaire et firent apporter au couvent des Jacobins (aujourd'hui local de la Préfecture) tous les objets sur lesquels leur choix s'était arrêté. (Lettre de dom Gourdin au Directoire du département, 1792).

Le 18 février 1793, le Directoire du district prit un arrêté aux termes duquel le directeur fut chargé de poursuivre la demande de l'établissement des corps administratifs dans la ci-devant abbaye de Saint-Ouen, avec la réunion d'une vaste bibliothèque de département comprenant des monuments de sculpture et chefs-d'œuvre de peinture et autres objets d'instruction (art. 9).

L'article 10 décidait qu'on composerait une bibliothèque, la plus étendue qu'il serait possible, à l'aide des livres des communautés religieuses et de ceux qui proviendraient des émigrés, pour en former six autres destinées à être placées dans les six districts hors de Rouen, dans la ville principale de chaque district. En effet, par arrêté du 31 juillet suivant, l'hôtel Saint-Ouen fut désigné pour le placement de la Bibliothèque et du Musée.

Le transport des collections eut lieu en l'an II. Une lettre de dom Gourdin aux administrateurs du département, du 8 ventôse an II, nous apprend que la Bibliothèque se composait alors de 50,000 volumes, plus de 20,000 doubles et enfin d'anciens manuscrits. L'abbaye de Jumièges en avait fourni à elle seule plus de 200.

L'installation du Musée-Bibliothèque à Saint-Ouen coûta 37,000 fr. (Rapport des travaux du département in-4°, an V, p. 313.)

Nous devons à l'obligeante communication de l'un de nos érudits collègues, M. Bouquet, le texte d'une correspondance assez curieuse, dans laquelle se trouve affirmée, une fois de plus, la propriété de l'État. Quelques citoyens signalèrent en ces termes, à dom Gourdin, l'existence d'une collection dont la nation ne s'était pas encore mise en possession :

« 25 pluviôse an IV (14 février 1796).

« Informés par hasard, qu'il y avait à l'archevêché « (de Rouen) des livres qui périssaient dans l'humidité, « les administrateurs du département demandèrent à « dom Gourdin d'où ils provenaient et s'ils étaient une « *propriété nationale.* »

Voici la réponse de dom Gourdin :

« Rouen, 28 pluviôse de l'an IV de la République (17 février 1796).

« Citoyens, j'ai reçu hier votre lettre du 25, par « laquelle vous me demandez des renseignements sur « les livres restés à l'évêché. Cette bibliothèque assez « considérable, dans laquelle il y a le *Corpus antiquitatum*, en plus de vingt volumes in-folio, et quel-

« ques autres bons ouvrages, est une *propriété natio-*
« *nale*. Elle est la bibliothèque de monseigneur Lenor-
« mant, évêque d'Évreux.....

« Il serait à propos que l'administration prît un
« arrêté qui m'autorisât à écarter les doubles, et à
« commencer l'arrangement durable de la Bibliothèque
« nationale, dont le public est privé depuis si long-
« temps. »

Cette bibliothèque fut transportée au dépôt de Saint-Ouen où elle forma, avec le choix de toutes les autres, le premier fonds de la Bibliothèque de la ville de Rouen. (*Recherches sur les Bibliothèques des Archevêques et du Chapitre de Rouen*, par l'abbé Langlois, pages 48-49.)

La création des Écoles centrales, décidée par un décret du 2 brumaire an IV (25 octobre 1795), entraîna le déplacement de la Bibliothèque, devenue annexe de l'École, dans l'ancienne église des Jésuites (aujourd'hui chapelle du Lycée), laquelle fut affectée à cet usage par une loi du 14 fructidor an VII. Le 25 prairial an IX, le Préfet du département écrivait ce qui suit à dom Gourdin :

« L'instruction du Ministre de l'Intérieur, en date
« du 15 floréal an IV, porte qu'on s'occupera d'abord
« de former les Bibliothèques qui doivent exister près
« des Écoles centrales.

« Elle prescrit en outre de les rendre aussi complètes
« qu'il sera possible de le faire en tirant des autres
« dépôts du département les ouvrages rares ou utiles

« qui seraient plus convenablement placés dans un éta-
« blissement général. »

Nous ignorons la suite que le commissaire de la Bibliothèque donna à cette injonction en ce qui concerne les autres dépôts du département, mais on lit dans l'*Annuaire statistique du département de la Seine-Inférieure de 1807*, le passage suivant, page 103 :

« La Bibliothèque municipale est composée d'environ 20,000 volumes, soustraction faite des livres qui ont été tirés pour former la Bibliothèque du Lycée, celle de l'Archevêché et celle du Séminaire, et sans y comprendre ni les manuscrits, ni les ouvrages imprimés dans le xve siècle, qui sont en grand nombre et forment une espèce de Bibliothèque particulière.

« Cette Bibliothèque doit être incessamment placée à la municipalité, et aussitôt elle sera ouverte au public comme jusqu'à présent. »

On sait que les Écoles centrales furent supprimées en 1802 et remplacées par les Lycées actuels. (Voir loi du 11 floréal an X. — Arrêté du 24 vendémiaire an XI). Qu'allait-on faire de leurs bibliothèques ? Elles furent remises aux municipalités par l'arrêté consulaire du 8 pluviôse an XI (28 janvier 1803), dont nous aurons à nous occuper plus loin.

C'est ici que se place un document d'une haute importance dans la question qui nous occupe.

Une lettre du 25 nivôse an XI, émanée du conseiller d'État chargé de la direction de l'instruction publique, annonce au Préfet que la bibliothèque de l'École centrale devait être remise entre les mains du Maire de la ville de Rouen.

Cette pièce est à proprement parler le titre de la ville de Rouen, sinon à la propriété, du moins à l'usage de la Bibliothèque. Il aurait été du plus grand intérêt d'en connaître exactement les termes. Malheureusement, les plus actives recherches ont été impuissantes à nous la procurer. La Ville a égaré sa copie, et les minutes ne se sont retrouvées ni à la Préfecture, ni au Ministère. L'existence même du document n'est pas douteuse, d'ailleurs, car la lettre en question est vantée dans plusieurs actes administratifs ultérieurs, par exemple dans un arrêté préfectoral du 4 pluviôse an XII.

La municipalité de la ville de Rouen accepta avec empressement l'attribution qui lui était faite. Une délibération du Conseil municipal, en date du 25 floréal an XII, homologuée par le Préfet, le 10 messidor suivant, vota une somme de 30,841 fr. pour l'installation de la Bibliothèque au second étage de l'hôtel Saint-Ouen, décida que la collection d'imprimés et de manuscrits la composant ne pourrait être divisée sous quelque prétexte que ce soit et qu'il serait mis sur tous les livres de la Bibliothèque cette inscription : « Bibliothèque de la ville de Rouen. »

L'empressement de la municipalité à prendre possession de la Bibliothèque, l'importance du crédit affecté aux travaux d'installation, le texte même de l'inscription apposée sur les ouvrages, permettent d'affirmer avec certitude que la ville de Rouen ne se considérait pas comme étant simplement dépositaire de la Bibliothèque au nom et pour le compte de l'État. Le rapport qui précède la délibération du 25 floréal an XII, ne laisse place, d'ailleurs, à aucun doute à cet égard. On y lit, en effet (Voir archives de la municipalité), le passage suivant : « Quant à la seconde partie du vœu émis par l'Académie de Rouen et soumis par elle au Préfet du département, ayant pour objet que le bibliothécaire soit au moins pris dans son sein, votre commission n'a pas cru blesser les convenances, ni les égards dus à cette Société, en rejetant cette proposition. La municipalité de Rouen, D'APRÈS LA LETTRE DU CONSEILLER D'ÉTAT, *a l'entière disposition* et PROPRIÉTÉ des livres ; elle nommera à *son choix* un conservateur et le paiera de ses deniers. »

Il est inutile d'insister : la Ville a cru que la propriété de la Bibliothèque lui était transférée et l'analyse qu'elle donne de la lettre du conseiller d'État ne fait qu'augmenter nos regrets de n'avoir pu retrouver ni en original ni en copie ce document capital.

Cette pensée d'un droit de propriété s'est affirmée de nouveau dans le discours qui fut prononcé par le Maire le 4 juillet 1809, lors de l'inauguration de la Bibliothèque municipale. Cette solennité fut entourée d'une grande pompe ; les archives de la Ville en ont gardé la trace. Nous avons extrait de ce discours les passages suivants qui, tout en portant la marque du style ampoulé de l'époque, ne laissent pas de doute sur le caractère que la municipalité d'alors attachait à l'acte qui l'avait mise en possession de la Bibliothèque :

« . . . .

« Cette Bibliothèque formée de la réunion, mais

« beaucoup augmentée de deux Bibliothèques publiques
« que cette ville possédait depuis longtemps, accrue par
« les dons assez considérables de M. Auguste Le Che-
« valier, avocat au Parlement, a naturellement subi le
« sort des divers événements qui changeaient de temps
« en temps la forme du gouvernement. Aujourd'hui,
« son sort est enfin devenu constant et immuable, ELLE
« EST UNE PROPRIÉTÉ MUNICIPALE, *elle devient un*
« *patrimoine de notre Cité*.

« M. Gourdin, membre distingué de l'Académie des
« Sciences, Lettres et Arts de Rouen, avait été nommé
« bibliothécaire de l'École centrale. C'est à ses soins
« éclairés que nous devons la conservation des trésors qui
« la composent ; nommé de nouveau à la Bibliothèque
« de la Ville, c'est à ses lumières et à son infatigable
« patience qu'est dû l'ordre et l'arrangement que vous
« y remarquerez et qui lui assure la reconnaissance de
« cette Cité. » Et plus loin, l'orateur ajoutait :

« Si, d'un côté, l'établissement des Écoles centrales
« nous conservait un dépôt des Sciences et des Lettres,
« de l'autre, des magistrats éclairés, s'occupant des
« Arts au milieu des orages politiques, recueillaient et
« sauvaient de leur ruine une infinité de chefs-d'œuvre
« de peinture qui, sans ces soins précieux, fussent
« devenus la proie de l'ignorance cupide dans leurs
« asiles abandonnés.

« Le professeur de l'École gratuite de dessin. M. Le-
« carpentier, fut choisi pour remplir cette mission
« importante ; il s'en est acquitté avec un zèle, un dis-
« cernement digne des plus grands éloges, et surtout

« avec un désintéressement que je me plais à relever « dans cette circonstance.

« Cette mesure conservatrice nous avait déjà valu « un grand nombre de tableaux précieux capables « de former un muséum d'une assez grande étendue « lorsque la munificence du gouvernement l'a encore « augmenté considérablement de morceaux des plus « grands maîtres. Notre auguste souverain, sans cesse « occupé du bonheur et de la gloire de la France, qui a « fait de la capitale de l'empire la capitale du monde « pour les Arts, n'a point oublié celles des grandes « villes qui, par leur étendue et leurs richesses, sont « dans le cas d'être autant de centres des Beaux-Arts, « et la ville de Rouen s'est trouvée enrichie du fruit de « ses conquêtes et de sa gracieuse sollicitude.

« Ce n'était point assez que nous eussions en notre « possession cette immense collection de trésors, il fallait « un temple pour les y déposer ; il fallait des dépenses « pour qu'on pût les offrir aux regards du public.

« . . . . »

Les petites Affiches de Rouen (aujourd'hui *Journal de Rouen*), dans le tome XI, année 1809, numéro du mercredi 5 juillet, terminent ainsi le compte rendu de cette installation du Musée auquel elles donnent le nom de *Bibliothèque publique*.

« L'ouverture du Musée et de la Bibliothèque fera « une époque dans l'histoire littéraire et dans les annales « de notre ville ; et l'on citera un jour, avec reconnais- « sance, le nom du premier magistrat au zèle duquel « on doit cette noble jouissance, et celui du Maire qui

« administre dignement aujourd'hui dans nos murs. » (Le maire était M. Demadières; le préfet, M. Savoye Rollin).

Enfin, pour compléter cet historique de notre Bibliothèque, ajoutons que cette collection a toujours été considérée comme une Bibliothèque municipale, qu'elle en a porté le titre dans tous les actes publics, que le conservateur a également toujours été nommé par l'Administration municipale, et qu'enfin la Ville s'est imposé tout récemment les plus lourds sacrifices pour la construction d'un nouveau local dans lequel ses précieuses collections ont été installées.

La ville de Rouen est-elle cependant propriétaire de tout ou partie des livres et manuscrits composant sa Bibliothèque municipale ?

On l'a vu par la lettre du Ministre de l'Instruction publique en date du 22 novembre 1890, le Gouvernement reconnaît expressément la propriété de la Ville, en tant qu'elle s'applique aux livres, manuscrits ou autres objets qu'elle a acquis directement à titre gratuit ou onéreux ; mais le Département ministériel soutient que de son côté l'État est propriétaire de tout ce qui a été d'abord confisqué révolutionnairement, puis remis à la Ville en l'an XI. Cette prétention s'applique donc à une partie extrêmement importante de nos richesses bibliographiques, puisqu'elle concerne environ 50,000 volumes imprimés, et la précieuse collection de manuscrits qui sont la gloire de notre Bibliothèque municipale(1). Jusqu'à ce jour, la ville de Rouen s'était habituée

(1) L'État a nécessairement la même prétention en ce qui concerne

à se considérer comme propriétaire de ce qu'on appelle « l'ancien fonds » ; elle n'aurait donc jamais songé à soulever la question qui nous occupe ; mais la difficulté est née de la lettre ministérielle, et elle s'impose désormais à l'attention des pouvoirs municipaux.

En ce qui concerne la ville de Rouen, la question doit être envisagée sous deux aspects, — d'abord en tenant compte des titres de transmission spéciaux à la Ville — puis, en appliquant à notre Bibliothèque les règles ordinaires du droit, dans la matière.

I. — Par malheur, l'examen du premier de ces points de vue est nécessairement incomplet, puisque le titre originaire de transmission, la lettre du Conseiller d'État du 25 nivôse an XI, a été égarée par la Préfecture qui l'a reçue, par la Municipalité qui en a eu nécessairement communication, et par le Ministère qui l'avait écrite. Des recherches auraient été faites récemment par M. le Ministre jusque dans les Archives nationales. On ne l'y a pas trouvée. Toutes les administrations intéressées ont donc leur part de responsabilité dans cette perte étrange et si regrettable.

Est-il possible et permis de suppléer à cette lacune ? Oui, dans une certaine mesure : car l'esprit de la lettre, celui du moins dans lequel elle a été comprise par la Municipalité rouennaise, apparaît avec une grande netteté dans les documents que nous avons cités plus haut. On se souvient, en effet, des termes du rapport qui précède la délibération du 25 floréal an XII. L'Aca-

l'ancien fonds de toutes les bibliothèques municipales de France, sans exception.

démie de Rouen, comme toutes les corporations, avait été supprimée en 1790 et sa Bibliothèque confisquée. Rétablie et reconstituée en 1803, elle essaya inutilement de rentrer en possession de ses livres; en l'an XI, elle demandait qu'au moins le bibliothécaire municipal fut choisi parmi ses membres. Le Rapporteur propose de ne pas déférer à ce vœu, de peur, sans doute, d'altérer les droits de la Ville, puisque celle-ci, écrit-il, « a, D'APRÈS LA LETTRE DU CONSEILLER D'ÉTAT, L'ENTIÈRE DISPOSITION ET PROPRIÉTÉ DES LIVRES. » L'Administration municipale tout entière partageait cette opinion, car le maire, M. Demadières, disait dans son discours que le sort de la Bibliothèque « était devenu constant « et IMMUABLE », qu'elle était une PROPRIÉTÉ COMMUNALE et devenue un PATRIMOINE DE LA CITÉ ». Plus loin l'orateur, dans un élan de lyrisme, remerciait l'auguste souverain d'avoir *enrichi la Ville* du fruit de ses conquêtes et de sa gracieuse sollicitude!

Ces citations ne laissent aucun doute dans l'esprit. La Ville a donc cru qu'elle recevait non un dépôt précaire, mais une véritable propriété. Peuvent-elles suppléer à la non représentation du titre original? La question est plus délicate. Le rapport au Conseil a-t-il reproduit textuellement les termes mêmes de la lettre du Conseiller d'État? N'en est-ce qu'une analyse plus ou moins fidèle? Le Rapporteur et le Maire se sont-ils laissés entraîner par le patriotisme local, jusqu'à inventer de toutes pièces un droit de propriété purement imaginaire? C'est peu probable quand on songe que le discours du Maire a été prononcé devant le Préfet même qui avait transmis

2

la lettre ministérielle et qui n'aurait pas manqué de protester officiellement si le sens de la lettre avait été dénaturé (1).

Nous sommes donc porté à penser que la lettre du Conseiller d'État a été exactement analysée, si même elle n'a pas été simplement reproduite. Or, en matière de titres anciens, leur disparition n'est pas toujours une perte sans remède, pourvu qu'ils aient été scrupuleusement analysés dans d'autres titres dignes de foi et également anciens. On leur applique alors la maxime : *In antiquis enunciativa probant*. Dans notre cas, l'antiquité du titre perdu et de celui qui le reproduirait est-elle suffisante pour légitimer l'application de la maxime? Là est la difficulté. Il serait téméraire de la trancher, la justice étant appréciatrice souveraine de ce qui peut constituer l'ancienneté du titre et l'exactitude présumée de la reproduction.

Mais, dira-t-on, les pouvoirs du Conseiller d'État n'étaient pas suffisants pour disposer d'une propriété nationale. Cette objection, qui serait juste sous l'empire de nos lois actuelles, n'est pas sans réplique à propos d'actes du pouvoir en l'an XI. Que le Conseiller d'État ait agi par délégation du premier Consul et sur son

(1) On lit dans l'*Annuaire de Rouen de l'année* 1810 (p. 108): « Après avoir été fermée quelque temps, pour donner celui (*sic*) de disposer convenablement le local où elle est enfin placée, cette Bibliothèque a été solennellement ouverte le 4 juillet 1809, en présence des différentes autorités civiles et militaires et d'un grand nombre de citoyens éclairés. M. le Maire a prononcé un discours qui a été suivi de ceux des conservateurs de la Bibliothèque et du Musée. »

ordre, c'est plus que probable ; un règlement du 5 nivôse an VIII, lui conférait à cet égard une compétence spéciale, et quant au premier Consul, il jouissait de pouvoirs extrêmement étendus, assez mal définis d'ailleurs par la Constitution de l'an VIII ; un arrêté du 2 nivôse an IV donnait aussi au Directoire exécutif le droit de disposer du mobilier appartenant à l'État. (V. analogue, art. 10, tit. II du décret des 4-14 septembre 1792.) Il est vrai qu'une loi postérieure du 23 nivôse an VI déterminait le mode suivant lequel serait vendu le mobilier national (V. Batbie, *Diction. administratif*, vol. V, n° 36) ; mais il ne s'agissait pas ici d'une vente de meubles à proprement parler ; l'aliénation avait un caractère *sui generis* d'utilité publique, et les limites que la Constitution de l'an VIII imposait au premier Consul étaient si élastiques ! La Constitution impériale fut à peine plus libérale pour l'autorité de l'Empereur. Or, celui-ci n'hésita pas à disposer par simple décret (11 décembre 1808), au profit de l'Université, de tous les biens, immeubles et rentes ayant appartenu au ci-devant Prytanée militaire (Dall., voir *Dom. de l'État,* n° 156). Plus tard, un simple décret du 9 avril 1811 porta concession gratuite aux départements, arrondissements et communes de la pleine propriété des bâtiments et édifices nationaux, alors occupés pour le service de l'Administration, des Cours et Tribunaux, et de l'Instruction publique. Or, si on consulte les lois visées en tête de ce dernier décret, pour en justifier la légalité, on ne trouve que des textes législatifs antérieurs à la Constitution impériale, sauf un avis du Conseil d'État du 3 nivôse an VIII et un décret du 25 mars 1806, qui sont d'ailleurs sans importance sur la question (1). Ce que l'empereur Napoléon put faire régulièrement en 1808 et 1811, à propos d'objets mobiliers originairement confisqués, à plus forte raison a-t-il pu le faire à propos d'objets mobiliers confisqués aussi et enfouis, pour la plupart, dans des dépôts inaccessibles, ou affectés à des établissements dont la suppression venait d'être prononcée (2).

Mais, nous le répétons, la perte du titre original privera toujours la ville de Rouen d'un moyen capital de preuve. Il faut donc, à tout événement, examiner quelle sera la situation, si on doit lui appliquer le droit commun (3).

(1) L'art. 10 du titre II, loi des 4-14 septembre 1792, autorise le *Ministre de l'Intérieur* à disposer en faveur des Églises paroissiales de la partie du mobilier religieux non vendu ni converti en espèces par la fonte.

(2) Sous la première République, les domaines nationaux pouvaient être vendus sans l'intervention d'une loi (15 et 16 floréal, an X. — Voir Batbie, t. V, n° 19.)

(3) Au moment même où nous étions engagé dans l'étude de cette question, nous reçûmes communication d'une brochure due à la plume d'un érudit distingué, auteur de nombreux ouvrages d'histoire générale ou locale fort remarqués, M. Loiseleur, bibliothécaire de la ville d'Orléans. La brochure en question porte les titre et sous-titres suivants : *Les Bibliothèques communales; historique de leur formation; examen des droits respectifs de l'État et des villes sur ces collections.* Elle ne comprend pas moins de 97 pages d'un texte assez serré. M. Loiseleur a écrit avec une rare compétence, beaucoup de talent et d'autorité, l'étude que nous nous proposions d'aborder. Il a envisagé la question sous toutes ses faces, et ce serait une véritable présomption de notre part que de chercher à faire mieux que lui.

Nous renvoyons donc pour le développement des questions de détail

II

EXAMEN DES PRINCIPAUX DOCUMENTS AYANT UN CARACTÈRE LÉGISLATIF SUR LA QUESTION DE PROPRIÉTÉ DES BIBLIOTHÈQUES COMMUNALES.

Ce qu'on appelle l'ancien fonds des bibliothèques communales a été formé, la plupart du temps, à l'aide des collections confisquées sur les couvents, les corporations et les émigrés. Nous avons vu que tel est le cas pour la ville de Rouen. Ces propriétés mobilières sont certainement tombées, à l'origine, dans le domaine de la nation ; plusieurs lois ou décrets leur attribuent positivement ce caractère, on l'a vu plus haut. Quant à la lettre ministérielle du 22 novembre 1890, elle fonde la prétention de l'État sur trois documents législatifs que nous devons examiner successivement en négligeant les documents intermédiaires qui sont de moindre importance et dont on trouve, d'ailleurs, l'énumération dans l'ouvrage de M. Loiseleur.

1° *Décret du 8 pluviôse an II.*

Ce décret a prescrit aux administrateurs de district d'achever les inventaires des objets confisqués et de

et l'éclaircissement des points historiques obscurs à l'œuvre si complète de M. le Bibliothécaire de la ville d'Orléans. Nous nous contenterons de fournir ici quelques données générales sur la question.

choisir un emplacement convenable dans chaque district pour y établir une bibliothèque publique.

Assurément rien dans ce décret ne permet de dire que l'État ait abandonné, au profit des districts, ses droits de propriété et, si l'article 10 prévoyait la formation d'une commission que la convention nationale chargerait de répartir les livres entre les diverses bibliothèques pour qu'ils y soient conservés *définitivement (sic)*; en fait, cette répartition n'a jamais eu lieu et l'article 10 est resté à l'état de simple projet. Cela est si vrai qu'une loi du premier jour complémentaire de l'an IV chargea l'Institut de présenter ses vues sur les moyens de compléter la grande bibliothèque nationale en faisant des emprunts aux autres dépôts littéraires de Paris ou des départements. Le pouvoir central considérait donc que l'État n'avait pas cessé d'être propriétaire des livres, manuscrits et objets précieux renfermés dans tous ces dépôts.

Les années s'écoulèrent sans que les projets d'inventaire, de classification, d'échanges et d'attributions aient été mis à exécution. Nous arrivons ainsi au second acte ayant un caractère législatif invoqué par M. le Ministre.

2° *Arrêté du 8 pluviôse an XI.*

On venait de supprimer les écoles centrales ; il fallait disposer des bibliothèques qui leur avaient été annexées. L'arrêté consulaire du 8 pluviôse de l'an XI est ainsi conçu :

Art. 1er. — Les bibliothèques des écoles centrales seront mises à la disposition et sous la surveillance de la municipalité.

Art. 2. — Il sera nommé par la dite municipalité un conservateur de la bibliothèque dont le traitement sera payé aux frais de la commune.

C'est à la suite et par application de ce décret que furent fondées la plupart des bibliothèques publiques communales. Par cette expression de « mise à la disposition » l'arrêté de l'an XI entendait-il transférer aux communes une partie du domaine mobilier de l'État ? Nous ne le croyons pas. S'il en avait été autrement, à quoi bon faire appel à la surveillance de la municipalité et lui imposer le traitement d'un conservateur ? Ces obligations auraient été tout naturellement la conséquence du droit de propriété ; l'arrêté n'avait pas besoin de les édicter. C'est en ce sens, d'ailleurs, qu'une instruction du Ministre de l'Intérieur, du 22 septembre 1806, a qualifié les villes de « conservatrices des collections des écoles centrales ».

Les municipalités, qui ne peuvent invoquer d'autres titres que l'arrêté de pluviôse an XI, seraient donc mal fondées, selon nous, à exciper d'un droit de propriété sur les collections qui ont été mises à leur disposition. Que dirions-nous de celles près desquelles n'existait aucune école centrale et qui ne peuvent même pas s'abriter derrière les dispositions un peu larges de l'arrêté de l'an XI ? (1).

(1) C'est donc par suite d'une erreur sur la portée de l'arrêté de plu-

3° *Décret du 20 février 1809.*

Ce décret est spécial aux manuscrits. L'article premier est ainsi conçu : « Les manuscrits des archives de notre ministère des relations extérieures et ceux des bibliothèques impériales, départementales et communales ou des autres établissements de notre Empire, soit que ces manuscrits existent dans les dépôts auxquels ils appartiennent, soit qu'ils en aient été soustraits ou que leurs minutes n'y aient pas été déposées aux termes des anciens règlements, sont la propriété de l'État et ne peuvent être imprimés et publiés sans autorisation. »

C'est en s'inspirant de l'esprit et même du texte de ce décret que les auteurs du règlement de notre bibliothèque ont rédigé l'article II à l'occasion duquel la question qui nous occupe a été soulevée par le Ministère de l'Instruction publique.

Or, nous nous sommes demandé si le décret de 1809 était, comme le prétend la lettre ministérielle du 22 novembre 1890, applicable aux manuscrits existant dans notre bibliothèque. Nous avons été conduit ainsi à l'étude d'une question de droit historique curieuse.

Selon M. le Ministre de l'Instruction publique, cette question de propriété serait résolue, tout au moins pour

viôse que M. Schneegans, second bibliothécaire de la ville de Strasbourg, dans sa *Note sur l'ancienne Bibliothèque*, a écrit que « l'arrêté du 8 pluviôse an XI, *céda* à la Ville les livres confisqués pendant la période révolutionnaire (p. 323). »

les manuscrits, par le texte formel du décret de 1809, et cela de quelque nature que soient les manuscrits et quel que soit le dépôt public qui les renferme. Dans une autre opinion, au contraire, le décret de 1809 aurait une portée tout à fait restreinte; il s'appliquerait exclusivement aux manuscrits ayant un caractère politique et composés par des fonctionnaires ou agents diplomatiques étant ou ayant été au service de l'État. Cette seconde interprétation se fonderait sur un arrêt rendu le 31 mars 1858 par la Cour de cassation (J. P. 1858, 561). Où est la vérité?

Au premier aspect, le décret de 1809 révèle, par son texte même, qu'il est dû à une préoccupation plutôt politique que législative. Le rappel des anciens règlements semble indiquer que le décret cherche simplement à consacrer les errements du passé; mais à quelle sorte de manuscrits s'appliquaient exactement ces anciens règlements? L'arrêt de la Cour de cassation va nous l'apprendre.

Il s'agissait, dans l'espèce, des mémoires de Saint-Simon. Le duc avait, en 1755, dans l'année même de sa mort, institué l'évêque de Metz, son cousin, légataire de tous ses manuscrits; mais son héritière, la duchesse de Valentinois, négligea d'exécuter cette diposition; en 1760 elle possédait encore l'œuvre du testateur. On assure même que ce fut elle qui provoqua la mesure qui plongea pendant longtemps dans l'obscurité les mémoires de l'historien pamphlétaire. Quoi qu'il en soit, le 21 décembre 1760, le duc de Choiseul, sur l'ordre exprès et écrit du roi Louis XV, fit saisir le manuscrit sous le prétexte d'empêcher une publication que le roi regardait comme inopportune et dangereuse ; le Ministre ordonna que le manuscrit serait déposé aux archives du Ministère des relations extérieures. C'est là qu'il se trouvait quand parut le décret du 20 février 1809. Il y resta jusqu'en 1819. A cette époque, le roi Louis XVIII le restitua au général de Saint-Simon, qui le fit publier. La famille Saint-Simon traita plus tard, en 1855, avec la maison Hachette pour la publication d'une autre édition ; mais l'éditeur Barba fit paraître, de son côté, une édition copiée sur celle de 1829.

Un procès s'engagea entre les deux éditeurs. La Cour de Paris donna gain de cause à la maison Hachette. Barba se pourvut en cassation. En étudiant avec soin les moyens qu'il présentait à l'appui de son pourvoi, on constate que Barba n'était pas loin de reconnaître le droit de propriété de l'État, fondé notamment sur le décret de 1809 ; seulement, disait-il, comme la partie politique de l'œuvre de Saint-Simon, celle qui a pu être traitée à l'aide de documents que le duc s'était procurés comme ambassadeur en Espagne, ne peut être séparée du surplus de son travail, il faut considérer que la remise du manuscrit au général de Saint-Simon, en 1819, a eu la portée d'une autorisation de publier l'œuvre entière. La propriété du manuscrit continue, sans doute, à appartenir à l'État ; mais, par le fait d'une première publication, les mémoires, en tant qu'œuvre bibliographique, sont tombés dans le domaine public. Barba a donc pu les publier à son tour.

M. Bayle Monillard, conseiller à la Cour de cassation et rapporteur du pourvoi, prit la question de plus haut. Il soutint cette double thèse : Que l'État n'avait jamais été propriétaire du manuscrit des mémoires du duc de Saint-Simon ; qu'il n'en avait eu que la possession précaire, à titre de dépositaire séquestre et en vertu des pouvoirs de haute police qui appartenaient à la royauté absolue sous l'ancien régime ; que, quant au décret du 20 février 1809, il suffisait d'étudier ses origines avec M. Renouard (*Traité des droits d'auteur*, t. I, p. 364) pour se convaincre que le projet ne s'occupait d'abord que des manuscrits dépendant du Ministère des Affaires étrangères, rédigés par les agents de ce département à l'aide de documents diplomatiques qui sont incontestablement la propriété de l'État ; le décret projeté, loin de créer de toutes pièces un droit de propriété au profit de l'État, avait voulu simplement consacrer les droits préexistants de celui-ci. Le rapporteur montra ensuite que si le projet originaire avait été étendu, lors de la rédaction définitive, à tous les manuscrits existant dans un dépôt public quelconque, il ne semblait pas que le gouvernement eut voulu, alors même qu'il l'aurait pu, lui donner le caractère d'un acte de confiscation ; que sa portée devait, dès lors, être restreinte aux manuscrits ayant le même caractère que ceux qui peuvent se trouver au Ministère des relations extérieures.

La Cour de cassation s'est abstenue de trancher ce dernier point en termes formels, car le manuscrit de Saint-Simon avait été extrait non d'un dépôt public quelconque, mais précisément du Ministère des Affaires étrangères. Néanmoins, son arrêt se termine par une considération générale sur la portée du décret de 1809; il est utile de la reproduire.

« Attendu, dit la Cour, que s'il peut résulter, soit d'anciens règlements, soit du décret du 20 février 1809, que les manuscrits faits pour l'État, par les agents de l'État, dans l'exercice de leurs fonctions, sont la propriété de l'État, il n'en résulte pas que l'État soit propriétaire de manuscrits composés spontanément par un auteur écrivant pour lui-même et non pour l'État, que le décret de 1809, à lui supposer la portée que le pourvoi lui attribue, serait un décret de confiscation et *que le législateur n'a pu, ni voulu, porter une pareille atteinte au droit de propriété.* » Barba perdit son procès. Il serait excessif, sans doute, de soutenir que l'arrêt de 1858 supprime toute controverse sur la portée du décret de 1809 ; en effet, il a été rendu dans une espèce particulièrement favorable aux droits de la propriété privée; le manuscrit litigieux n'avait été placé dans les archives du Ministère des Affaires étrangères qu'à la suite d'une mesure arbitraire de police; l'État n'avait évidemment que la qualité de sequestre ; et, enfin, la part personnelle du duc de Saint-Simon dans son œuvre était hors de toute proportion avec la fraction peu considérable composée à l'aide des documents diplomatiques dont il avait eu la disposition. Néanmoins, les termes de l'arrêt permettent de dire que la Cour suprême n'attribue au décret de 1809 qu'une valeur en quelque sorte politique ; elle refuse très clairement d'y voir un décret attributif d'un droit nouveau de propriété.

Si donc le décret de 1809 ne régit que les manuscrits qui sont déjà la propriété antérieure de l'État, notre question reste toujours la même sans que ni le décret de 1809 ni l'arrêt de 1858 l'aient tranchée. En tout cas, il semble que c'est à tort que la lettre ministérielle abrite sa revendication derrière ce décret de 1809, puisque les manuscrits de la bibliothèque de Rouen ont un caractère exclusivement scientifique ou littéraire. Mais, ainsi que nous l'avons vu, les deux décrets de l'an II, et surtout l'arrêté consulaire de l'an XI, suffisent à justifier la thèse de l'État.

III

DE LA PRESCRIPTION

La ville de Rouen croyait certainement posséder l'ancien fonds de sa bibliothèque à titre de propriétaire ; or, à défaut de titre, a-t-elle pu, à cause de la bonne foi de sa possession, prescrire cette propriété ?

La question que nous venons de résumer s'impose naturellement à l'examen. Elle résulte, en effet, des circonstances que nous avons rappelées plus haut. Cette partie de notre étude étant exclusivement juridique, nous serons fort sobres de détails ; nous nous contenterons en quelque sorte de renvoyer aux sources. « Aucun laps de temps, dit l'article 13 de la loi des 22 novembre-1er décembre 1790, applicable au domaine national, aucune fin de non recevoir ou exception, excepté celles résultant de la chose jugée ne peuvent couvrir l'irrégularité des aliénations faites sans le consentement de la nation. » Si la législation intermédiaire a apporté, en matière domaniale, des dérogations à la rigueur de ce principe, si le droit d'aliéner s'est confondu en quelque sorte avec le pouvoir exécutif, encore faut-il, sous notre droit moderne, que le possesseur justifie d'un titre pour pouvoir prescrire la propriété de ce qui a appartenu au domaine public, sans quoi sa possession sera perpétuellement inefficace. D'après l'article 2226 du Code civil, on ne peut prescrire le domaine des choses qui ne sont pas dans le commerce. « Enfin, proclame l'article 2236, ceux qui possèdent pour autrui (le dépositaire est dans ce cas) ne prescrivent jamais par quelque laps de temps que ce soit. »

La conséquence de ces règles est donc celle-ci : l'ancien fonds de la bibliothèque a fait partie du domaine public, à ce titre il est inaliénable ; si, de plus, à quelque domaine qu'il appartient, il n'a été remis à la municipalité qu'à titre de dépôt, quelque prolongée qu'ait été la possession de celle-ci, de quelque bonne foi qu'elle ait été accompagnée, la ville de Rouen, simple possesseur précaire, se trouvera aujourd'hui vis-à-vis du véritable propriétaire dans la même situation de droit que celle qui lui appartenait au lendemain de la remise entre ses mains des objets mobiliers composant cet ancien fonds.

Les livres et collections confisqués révolutionnairement sont tombés dans le domaine de la nation ; les lois de l'époque le proclament en termes formels. Or, on sait que le domaine public se divise en domaine public proprement dit (c'est-à-dire affecté à un usage public), lequel est imprescriptible, et en domaine de l'État ou petit domaine, qui est prescriptible, quoique l'État s'en réserve habituellement la jouissance. Les forêts domaniales sont rangées dans cette catégorie de biens. (Voir Demolombe, t. IX, n° 456). Les biens de l'État composant le petit domaine sont, d'ailleurs, susceptibles de rentrer dans la catégorie des biens imprescriptibles s'ils sont postérieurement affectés à un service public. (Eod. op., p. 344.)

D'après Demolombe (n° 438), les meubles corporels appartenant à la nation devraient être, en principe, considérés comme faisant partie du petit domaine. Les collections en objets d'art seraient donc prescriptibles, mais *à la condition qu'ils ne soient pas affectés à un service public*. Or, tel n'est pas le cas, quand des livres sont « mis à la disposition et placés sous la surveillance de l'autorité municipale » pour en faire profiter le public. Aussi, Aubry et Rau, plus précis que Demolombe, professent-ils que « le domaine public comprend *les bibliothèques et musées nationaux* avec les manuscrits, livres, médailles, estampes, tableaux, statues et autres objets mobiliers qui en font partie (t. II, § 169). »

Ces principes ont été appliqués plusieurs fois par la jurisprudence. Dans une première espèce, il s'agissait d'un tableau prêté par le musée du Louvre au marquis de Maillé pour l'ornementation d'une chapelle particulière et compris plus tard, par mégarde, dans la vente de son mobilier. L'acheteur, malgré sa bonne foi, dut le restituer (Rej. 10 août 1841, P. 41, 2, 515). Une autre fois, il s'agissait d'un autographe de Molière, soustrait à la bibliothèque royale et vendu à un tiers de bonne foi. La restitution fut encore ordonnée par la Cour de Paris (3 janvier 1846, P. 46, 1, 186). Tous ces arrêts se fondent sur l'imprescriptibilité du domaine public. Enfin, un débat tout récent s'est engagé entre les deux villes de Mâcon et de Lyon. Voici dans quels termes un journal de notre ville raconte le litige (*Journal de Rouen* du 30 janvier 1890) :

LES VOLS DANS LES BIBLIOTHÈQUES

« La ville de Lyon avait acquis, il y a quelques années, au prix de 2,700 fr., un lot de miniatures à pleine page qui ornaient un manuscrit de grande valeur. Or, ce manuscrit avait été volé à la bibliothèque de Mâcon.

« C'est sur ce sujet que le Tribunal civil de Mâcon vient de statuer. Il a jugé que les livres, manuscrits et autres objets d'art dépendant d'une bibliothèque communale, font partie du domaine public et sont, à ce titre, inaliénables et imprescriptibles. En conséquence, si un objet d'art est soustrait par suite d'un vol, aucun des détenteurs, à quelque titre qu'il ait acquis l'un de ces objets, ne peut exciper de sa bonne foi pour repousser l'action en revendication formulée par la commune qui est la seule propriétaire de cet objet.

« La bibliothèque de Lyon sera donc obligée de restituer à la ville de Mâcon les miniatures volées, à moins que la Cour d'appel n'en décide autrement (1). »

Si nous ajoutons à ces considérations que le décret du 8 pluviôse an II et l'arrêté de l'an XI constituent les villes simples dépositaires ou conservatrices des collections, nous devons conclure, quelque regret que nous en éprouvions, que l'ancien fonds de la bibliothèque municipale n'a pas cessé de faire partie du domaine national.

Les prétentions soulevées par le Ministre, dans sa lettre du 22 novembre 1890, nous paraissent donc justifiées. Comme représentant du domaine public, il a le droit de demander la suppression du paragraphe de l'article 11, qui proclame que les manuscrits sont (sans distinction d'origine) propriété municipale.

Mais le Ministre va plus loin. Non content de reven-

(1) Nous avons demandé à M. le Maire de Mâcon quelle avait été la suite de l'affaire. M. le Maire a bien voulu nous répondre la lettre suivante le 4 août 1891.

«....... Relativement aux miniatures dont nous revendiquons la propriété, en première instance, notre ville avait obtenu gain de cause; mais l'adversaire en ayant appelé, la Cour a réformé le jugement par ce motif que le sieur B..., appelant, n'était plus en possession des objets revendiqués au moment de l'ouverture de l'instance, laquelle eut dû être dirigée contre le détenteur. Le sieur B... avait, en effet, vendu ces miniatures à la ville de Lyon, contre laquelle nous nous proposons de suivre par une nouvelle action.

« Agréez, etc. »

diquer, au profit de l'État, la propriété des manuscrits de l'ancien fonds, il soutient aussi que l'État est également resté propriétaire des ouvrages qu'il y a ajoutés par la suite. Ainsi, les villes ne seraient, cette fois encore, que de simples dépositaires des envois faits annuellement par le Ministère, et l'État pourrait reprendre le lendemain les collections bibliographiques dont la veille il paraissait enrichir les bibliothèques communales. Au premier aspect, un tel résultat est fait pour surprendre. Est-il justifié ?

M. Loiseleur a consacré quelques lignes de sa brochure à l'examen de cette question ; il la tranche dans un sens favorable aux prétentions de l'État, mais il reconnaît, d'ailleurs, que les auteurs du Répertoire de droit administratif (t. III, p. 450) sont d'un avis contraire au sien dans le passage suivant : « L'envoi fait par un Ministre à une bibliothèque constitue une concession entière, un acte de don manuel qui justifie le contrôle de l'Administration centrale sur la gestion de la bibliothèque, mais ne réserve pas à l'État un droit de propriété. Les ordonnances qui règlent la répartition des livres provenant des souscriptions du Ministère et du dépôt légal ne formulent, à cet égard, aucune restriction (p. 76-77). »

Nous croyons, pour notre part, que cette dernière opinion doit seule être suivie, sauf, bien entendu, le cas où les lettres d'envoi du Ministère auront eu soin d'indiquer que la ville destinataire n'est constituée que simple dépositaire. M. Loiseleur nous apprend en effet que, jusqu'à ces derniers temps, les arrêtés ministériels notifiés aux Maires des communes attributaires de livres employaient, pour annoncer la concession, le mot *attribuer*. La formule a paru dangereuse, sans doute, au Ministère. Depuis 1890, elle est remplacée par celle-ci : « Monsieur le Maire, j'ai l'honneur de vous annoncer que, par arrêté en date du....., je viens de *mettre à la disposition* de la bibliothèque communale de..... les ouvrages suivants. » Comme on le voit, l'Administration, fidèle à sa thèse, emploie aujourd'hui vis-à-vis des communes les expressions mêmes dont se servait l'arrêté consulaire de l'an XI. Elle ne pouvait, évidemment, adopter une procédure plus ingénieuse puisqu'elle relie, de cette manière, les attributions du présent à celles du passé et qu'elle place les unes et les autres sous la sauvegarde du principe de l'inaliénabilité et de l'imprescriptibilité du domaine national. Mais, selon nous, les envois faits jusqu'en 1890 ont constitué, au profit des municipalités, des attributions à titre définitif; les villes en sont devenues les véritables et seules propriétaires (1).

(1) Le Gouvernement a l'habitude de faire, en certaines circonstances, des cadeaux à des particuliers ou à des états ou souverains étrangers. Jamais on n'a songé à contester la validité de ces attributions mobilières. Pourquoi en serait-il autrement des attributions faites aux municipalités ?

IV

CONCLUSION. — MESURES A PRENDRE.

Nous croyons avoir exposé, dans ce travail, avec une grande impartialité, et sans en dissimuler la valeur, les arguments sur lesquels repose le droit de l'État à la propriété des collections bibliographiques formant l'ancien fonds. Mais, en fait, la situation créée ainsi aux bibliothèques municipales ne semble pas pouvoir être maintenue plus longtemps sans un véritable péril. Il n'est pas possible, en effet, que la détention de pareilles richesses littéraires soit soumise à l'incertitude perpétuelle du lendemain qui est la conséquence de sa précarité. Sans doute, le gouvernement de la France repose, et reposera longtemps encore, nous l'espérons, en des mains trop honnêtes pour que les villes de province soient exposées à être dépouillées, par un pur caprice, de ces trésors accumulés que leurs possesseurs se sont accoutumés à considérer comme étant leur propriété. Qui oserait affirmer, pourtant, que le jour ne viendra jamais où le pouvoir central, sous l'empire d'une nécessité budgétaire, par exemple, songerait à battre monnaie avec une propriété nationale qui représente des millions ? Quelque lointain, quelque chimérique même, si on veut, que soit ce péril, il existe ; cela suffit pour qu'on s'en préoccupe.

D'un autre côté, il est permis également de supposer que, si toutes les villes de province n'ont pas affirmé leur droit de propriété avec la même netteté que la ville de

Rouen en 1809 (1), toutes ont cru que les remises qui leur avaient été faites par l'État, soit à l'époque révolutionnaire, soit depuis, avaient un caractère définitif et que jamais elles ne pourraient en être dépossédées. Leur possession commencée et continuée dans cet esprit est essentiellement une possession de bonne foi. Aussi, n'ont-elles pas hésité à s'imposer les plus lourds sacrifices financiers pour donner à leurs collections bibliographiques ou autres des asiles dignes de leur valeur scientifique ou artistique ; l'exemple de Rouen peut être cité à cet égard, puisque la construction récente de notre Musée-Bibliothèque a coûté trois millions six cent vingt-trois mille francs. La ville se serait-elle engagée dans de telles dépenses si elle avait cru n'être que la détentrice passagère et précaire des œuvres en l'honneur desquelles elle élevait un palais ? Non, assurément.

D'un autre côté, le gouvernement central ne saurait méconnaître que les collections de l'ancien fonds repré-

(1) M. Loiseleur nous apprend qu'à Lyon le premier rapport sur la bibliothèque contenait cette phrase caractéristique : « Le gardien de l'un des objets les plus précieux *de la propriété communale* doit être nommé à vie. » La ville de Lyon a donc cru, elle aussi, à la propriété de ses collections ; mais il résulte d'une correspondance engagée, sur notre demande, entre M. le Maire de Rouen et son collègue de Lyon, que la bibliothèque de cette ville renferme un ancien fonds important dont l'existence remonte au XVIe siècle et dont la ville a toujours eu la jouissance. Les villes de Lyon, Marseille, Bordeaux, Toulouse, Lille ne paraissent avoir reçu, lors de la suppression des écoles centrales, aucune lettre analogue à celle du 25 nivôse an XI. M. le Maire de Rouen s'en est assuré.

sentent exclusivement des richesses créées dans les provinces de l'ancienne France par les travaux, les recherches et les dépenses de leurs habitants. Un principe d'équité, supérieur en quelque sorte au droit strict, ne défend-il pas de dépouiller les villes de province des trésors passés que les générations y avaient accumulés et de disperser leur œuvre patiente?

Ajoutons, enfin, que des catalogues, imprimés pour quelques-uns à grands frais, enseignent au monde savant en quelles bibliothèques se trouvent tels documents précieux pour la science ou pour l'art. Ces documents pourraient-ils en être distraits désormais? Non, évidemment.

Si en fait, le maintien de l'état de choses actuel s'impose; s'il est nécessaire également que les attributions ministérielles soient elles-mêmes définitives, l'intervention du législateur est nécessaire. Mais que lui demandera-t-on au juste?

M. Loiseleur, que cette question devait préoccuper aussi, s'efforce d'établir (p. 67-72) que si l'État est resté propriétaire des collections de l'ancien fonds, il a, en réalité, consacré, à maintes reprises, le droit des municipalités à leur possession. L'auteur voudrait donc que le Gouvernement fût invité à légaliser l'existence de cette possession qui serait établie à perpétuité et dont les communes ne pourraient être dépossédées qu'en cas d'abus de jouissance régulièrement constatés par les décisions de l'autorité judiciaire ; il termine ainsi sa brochure : « Droit de propriété reconnu par les villes à l'État et, pour les villes, consécration légale donnée à ce qui existe en fait, c'est-à-dire à une jouissance qu'elles ne pourront perdre que par leur faute. »

Cette solution ne saurait nous satisfaire; elle viole l'un des principes de notre droit, lequel n'admet pas d'usufruit perpétuel; de plus, elle laisse une porte toujours ouverte aux difficultés. L'État ne sera-t-il pas exposé à une irrésistible tentation : celle de faire cesser la jouissance des villes sous le prétexte plus ou moins fondé, sinon d'abus de jouissance caractérisés, du moins de fautes et de négligences dans la conservation des objets confiés à leur garde?

Selon nous, il conviendrait que les municipalités fussent déclarées propriétaires, sans réserves, des collections littéraires ou artistiques qu'elles possèdent, entretiennent et augmentent à grands frais depuis près d'un siècle, propriété que la plupart d'entre elles, sinon toutes, ont cru posséder jusqu'à ce que la célèbre affaire Libri ait rendu manifestes les prétentions absolues du Gouvernement central (1). Ce ne serait, pensons-nous, qu'un acte de justice. Rien n'empêcherait, d'ailleurs, d'armer l'État d'un droit d'inspection et de contrôle sur l'administration des bibliothèques analogue à celui qu'il possède aujourd'hui; les villes seraient tenues, sous des sanctions qu'il serait facile de formuler, d'obéir aux injonctions des agents supérieurs de l'État en ce qui concerne la garde, la conservation et l'administration de leurs collections. Les échanges et les aliénations

(1) Voir pour l'affaire Libri l'ouvrage de M. Loiseleur, page 85, premier appendice.

n'auraient lieu qu'avec l'autorisation de l'administration supérieure. Grâce à ces mesures, les municipalités ne pourraient pas sans doute disposer facilement de leurs richesses ; mais, en revanche, elles seraient assurées à l'avenir de n'être jamais dépossédées arbitrairement de trésors littéraires ou artistiques qu'elles se sont habituées à considérer comme constituant un domaine municipal aussi respectable que précieux.

www.ingramcontent.com/pod-product-compliance
Lightning Source LLC
LaVergne TN
LVHW020250230826
846091LV00006B/2336

9782019215408